香り豊かな
茶葉でおいしい
至福のスイーツ

坂田阿希子
飯塚有紀子
小堀紀代美
ムラヨシマサユキ

家の光協会

はじめに

毎日の暮らしに欠かせないのが、
ほっと一息するときに飲むお茶です。
近年、日本茶専門店や日本茶スタンドが誕生し、日本茶の新しい飲み方が話題に。
また抹茶は海外では「MATCHA」として認識され、スイーツも人気です。

お茶は飲むもの。
でも、飲むだけなんてもったいない。
じつは今、茶葉とスイーツをドッキングさせた香り高いお菓子が注目されています。

「紅茶、抹茶、日本茶（煎茶・ほうじ茶）、中国茶」は
加工過程が違うだけで、もとは同じお茶の木から摘んだ葉っぱです。
4種類の茶葉はお菓子に欠かせない
乳製品、フルーツ、スパイスなどの素材と相性がよく、
これらと組み合わせれば、新しいおいしさのスイーツに出会えます。

茶葉はすりつぶしたり、蒸らしたり、煮出したりして生地に加え、
それぞれの茶葉が持つ、芳醇な香りと風味を最大限に引き出しましょう。
お茶の香りや風味はその生かし方次第で、
お菓子の甘さを引き出したり、味のアクセントになります。

お茶好きな4人の料理家・菓子研究家の方の焼き菓子からひんやりデザートまで、
茶葉の風味が口の中に広がる、とっておきスイーツレシピをお届けします。
パウンドケーキ、チーズケーキ、クッキー、マドレーヌ、プリンは
「紅茶、抹茶、日本茶（煎茶・ほうじ茶）、中国茶」の
茶葉別レシピを紹介しました。
同じ定番スイーツでも茶葉による香りや風味の違いを味わってみてください。

お気に入りの茶葉スイーツとお気に入りのお茶、
今日から幸せのティータイムがはじまります。

CONTENTS

PART 1

BLACK TEA

紅茶のスイーツ

坂田阿希子

PART 2

MATCHA

抹茶のスイーツ

飯塚有紀子

PART 3

JAPANESE TEA

日本茶のスイーツ
煎茶・ほうじ茶

小堀紀代美

PART 4

CHINESE TEA

中国茶のスイーツ

ムラヨシマサユキ

●本書の使い方
・大さじ1は15ml、小さじ1は5mlです。
・バターは食塩不使用のものを使用しています。
・生クリームは動物性乳脂肪のものを使用しています。乳脂肪分の指定がない場合は、好みのものを使ってください。
・オーブンは設定温度に予熱しておきます。予熱時間は機種によって異なりますので、タイミングをはかって予熱を始めてください。焼き時間も機種によって多少差がありますので、レシピの時間を目安に様子を見ながら加減してください。

PART 1

紅茶のスイーツ

◉お菓子製作／坂田阿希子

今や、すっかり定着しているのが紅茶を楽しむ生活。
飲むだけでなく、茶葉を使ったお菓子も人気があります。
お菓子作りには香りがしっかり残るアッサム、アールグレイがおすすめ。
すりつぶした茶葉を粉に混ぜたり、蒸らしたり、煮出したりと、
個性豊かなフレーバーが香る、紅茶のスイーツをお届けします。

A 種類

・アッサム

・アールグレイ

・ダージリン

世界最大の紅茶の産地、北東インドのアッサム平原で採れる。甘みが強く、コクのある味わいと濃い水色、芳醇な香りを持つ。味が濃いため、特にミルクティーに向く。

茶葉の種類ではなく、ブレンドされたフレーバーティー。中国茶をベースに柑橘系の「ベルガモット」の香りをつけたもの。エキゾチックな個性的な香りにファンも多い。

インドのヒマラヤ山麓のダージリン地方が産地。水色は薄いが、個性的な味わいの紅茶。世界三大紅茶のひとつとして数えられ、「紅茶のシャンパン」とも称される。

B 下準備

茶葉は厚手のポリ袋などに入れ、袋の上からめん棒を転がしてすりつぶす。あればミルを使うとよい。

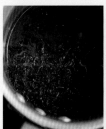

沸騰した湯に茶葉を入れ、ふたをして蒸らして抽出する。お菓子によってはここに牛乳や生クリームを加えて煮出すことも。

C シロップを作る

ダージリンシロップ

材料:できあがり約200ml
紅茶（ダージリン）— 大さじ1
グラニュー糖 — 100g
湯 — 150ml

作り方

1　小鍋に分量の湯を沸かして火を止め、茶葉を加えてふたをして10分以上蒸らす。ざるで茶葉をこして鍋に戻す。

2　グラニュー糖を加えて再び火にかけ、グラニュー糖が溶けたら火を止める。

3　冷めたら保存容器に入れ、冷蔵庫で保存する。

使い方

「杏仁豆腐のダージリンシロップ」(p.19)に使用。果物のコンポートやアイスクリーム、ヨーグルトにかけたり、またソーダで割ってドリンクとしても。

タタン風紅茶パウンドケーキ

パウンド型でタタン風に仕上げた、アップサイドダウンケーキ。
エキゾチックな香りのアールグレイの茶葉を焼き込んだ生地と
ビターなカラメルがからんだ甘酸っぱいりんごのハーモニーを満喫できます。

材料：17×8×高さ7.5cmのパウンド型1台分

りんご（ふじ）― 2個

《カラメル》
　グラニュー糖 ― 90g
　水 ― 大さじ1
　バター ― 30g

《パウンド生地》
　バター ― 120g
　粉砂糖 ― 100g
　紅茶（アールグレイ）― 大さじ2
　卵 ― 2個
　薄力粉 ― 120g
　ベーキングパウダー ― 小さじ1

カルバドス（好みで）― 適量

下準備

・茶葉は厚手のポリ袋などに入れ、
　めん棒で細かくすりつぶす。

・バターは室温にもどしておく。

・型にバター（分量外）を薄く塗り、
　グラニュー糖（分量外）をふって余分は
　落とす。使うまで冷蔵庫で冷やしておく。

・オーブンを170℃に予熱する。

作り方

1　りんごは皮と芯を取り、8等分のくし形切りにする。

2　カラメルを作る。鍋にグラニュー糖と水を加えて強火にかけ、まわりが焦げてきたら鍋をゆすって濃いこげ茶色に焦がす。バターを加えて溶かし、1のりんごを加える。

3　火を弱めて、ときどき全体に鍋をゆすって（a）、りんごの表面が透き通ってしんなりするまで煮て、カルバドスを加える。

4　型にりんごを表面が平らになるように並べ、残ったカラメル大さじ1〜2を流し入れる（b）。固まるまでしっかりと冷蔵庫で冷やす。

5　パウンド生地を作る。ボウルにバター、粉砂糖を入れて泡立て器で白っぽくなるまですり混ぜる。よく溶いた卵を少しずつ加え、分離しないようにそのつど混ぜる（c）。分離しそうになったら、分量内から薄力粉を少量加える。

6　準備した茶葉を加え（d）、薄力粉とベーキングパウダーを合わせてふるい入れる。ゴムべらで粉っぽさがなくなるまで混ぜる。

7　4の型に6を八分目を目安に入れる（e）。型ごと2〜3回台に落として空気を抜く。表面を平らにならし、170℃のオーブンで約45分焼く。熱いうちに逆さにして冷まし、型からはずす。

＊ホイップクリームを添え、カルバドスをふったり、残ったカラメルをかけてもおいしい。

ⓐ　ⓑ　ⓒ　ⓓ　ⓔ

紅茶のショートブレッド

スコットランド生まれのサクッとほろほろの食感と濃厚なバターの味わい。
紅茶にぴったりのクッキーの生地にも茶葉を練り込みました。
型いらずで簡単。上新粉でよりサクッとした食感が生まれます。

材料：12本分

バター —— 100g

粉砂糖 —— 60g

A ┃ 薄力粉 —— 150g
　┃ 上新粉 —— 20g
　┃ 塩 —— 小さじ¼

紅茶（アールグレイ）—— 小さじ2

下準備

・茶葉は厚手のポリ袋などに入れ、
　めん棒で細かくすりつぶす。
・バターは室温にもどしておく。
・天板にオーブンシートを敷く。
・オーブンを160℃に予熱する。

作り方

1　ボウルにバターを入れて泡立て器で練り混ぜ、粉砂糖を加えて白っぽくなるまですり混ぜる。準備した茶葉を加えて混ぜる（a）。

2　合わせたAの粉類をふるいながら加え、ゴムべらで粉っぽさがなくなるまで混ぜる。ひとまとめにして（b）ラップで包み、冷蔵庫で1時間ほど休ませる。

3　強力粉（分量外）を打ち粉としてふった台に置き、めん棒でたたいてある程度伸ばす。さらにめん棒を転がして15cm角程度に伸ばす（c）。ナイフで12等分に切り分け、竹串で全体に穴をあける（d）。

4　天板に移し、160℃のオーブンで20〜25分焼く。焼き上がったら、網の上で冷ます。

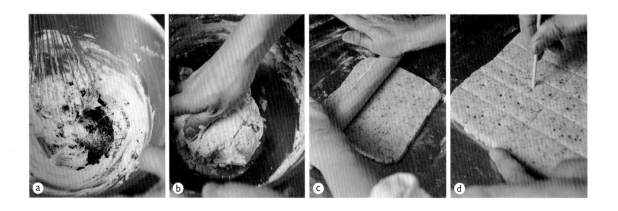

チャイ風マドレーヌ

オレンジの香りがさわやかなマドレーヌは、ひと口で幸せになれる味。
スパイスティーのフレーバーが口の中にしっかり残ります。

材料：縦7.5cmのマドレーヌ型8個分

卵 — 2個

バター — 90g

グラニュー糖 — 80g

はちみつ — 20g

A｜薄力粉 — 90g
　｜ベーキングパウダー — 小さじ1と¼

シナモンパウダー、カルダモンパウダー、
　クローブパウダー* — 合わせて小さじ1

紅茶（アッサム）— 小さじ2

オレンジの皮 — 1個分

*香りが強いクローブを控えめにして合わせるとよい。

作り方

1　ボウルに合わせてふるったAの粉類、グラニュー糖、パウダースパイスを入れ、真ん中をくぼませる。

2　真ん中に卵を割り入れて、はちみつを入れ、粉をくずすようにして泡立て器で全体を混ぜる。

3　鍋にバターを入れて溶かし、熱いうちに2に加えて泡立て器で混ぜる。準備した茶葉、オレンジの皮を加えて、さらに混ぜる。

4　3のボウルにラップをして冷蔵庫に入れ、1時間以上休ませる。

5　4の生地を型の八分目まで絞り入れ、170℃のオーブンで約10分焼く。焼き上がったら台に落とし、すぐに型からはずす。網の上に取り出して冷ます。

下準備

・茶葉は厚手のポリ袋などに入れ、めん棒で細かくすりつぶす。

・オレンジの皮はすりおろす。

・型にバター（分量外）を薄く塗り、強力粉（分量外）を薄くふっておく。

・オーブンを170℃に予熱する。

ミルクティーのフレンチトースト

ミルクティー入りの卵液はホームメイドならではのぜいたくなおいしさ。
紅茶と相性のいい、レーズン食パンでぜひお試しください。

材料：2〜3人分

レーズン食パン（3cm厚さ）— 2〜3枚

《卵液》

　水 — 100ml

　紅茶（アールグレイ）— 小さじ4

　牛乳 — 240ml

　卵 — 2個

　グラニュー糖 — 40g

バター — 40g

粉砂糖、ホイップクリーム — 各適量

メープルシロップ（好みで）— 適量

作り方

1 小鍋に分量の水を入れて火にかけ、沸騰したら茶葉を加える。火を止めてふたをし、そのまま5〜10分おいてしっかりと蒸らす。牛乳を加え、再び火にかけて軽く温めてこし、粗熱を取る。

2 ボウルに卵を割りほぐし、グラニュー糖、1を加えて混ぜる。

3 レーズン食パンをバットに並べ、2を加えて30分ほどしっかりと浸す。途中、1〜2回返して卵液を均一に含ませる。

4 フライパンを熱してバターを溶かし、3を並べ入れ、中火で両面をこんがりと焼いて中まで火を通す。

5 縦半分に切って器に盛り、粉砂糖をふり、ホイップクリームを添える。メープルシロップをかける。

紅茶のババロア オレンジカラメルソース

牛乳に紅茶風味をつけ、オレンジでさわやかな香りを添えたババロア。
大きな型で作ると、ホームパーティーにもおすすめなエレガントな表情に。
仕上げにかけたオレンジ果汁入りのカラメルソースがおいしさの決め手。

材料：直径16×高さ6.5cmの丸型1台分

卵黄 — 3個分

グラニュー糖 — 80g

板ゼラチン — 9g

牛乳 — 400ml

生クリーム（乳脂肪分45 〜 47%）— 150ml

紅茶（アッサム）— 小さじ 2

オレンジ — 1個

コアントロー — 小さじ 2

《カラメルソース》

　グラニュー糖 — 80g

　水 — 小さじ 2

　オレンジの果汁＊— 80ml

＊市販の果汁100%のオレンジジュースでもよい。

下準備

・茶葉は厚手のポリ袋などに入れ、
　めん棒で細かくすりつぶす。

・板ゼラチンはたっぷりの水に
　10 〜 15分浸してもどす。

・オレンジは上下を切り落とし、
　薄皮ごと縦に皮をむく。
　皮は飾り用に少量をせん切りにして、
　果肉は輪切りにする。

作り方

1　カラメルソースを作る。鍋にグラニュー糖と水を入れて中火にかけ、まわりが焦げついてきたら鍋をゆすりながら濃いこげ茶色になるまで焦がす。火を止めてすぐにオレンジの果汁を加え（a）、鍋をゆすって混ぜる。

2　鍋に水50ml（分量外）を入れて火にかけ、沸騰したら茶葉とオレンジの皮を加えて火を止め、ふたをして15分ほど蒸らす。牛乳を加え、再度火にかけて沸騰直前まで温めて、こす（b）。

3　ボウルに卵黄とグラニュー糖を入れ、泡立て器で白っぽくもったりするまですり混ぜる。2を少しずつ加えながらムラなく混ぜる。

4　3を2の鍋に戻し入れて中火にかけ、ゴムべらで混ぜながら軽くとろみがつくまで加熱する（c）。すぐにこしながらボウルに移し、準備したゼラチンを加えて（d）よく混ぜて溶かす。

5　4のボウルの底を氷水に当て、ゴムべらで混ぜながら六分立てくらいのとろみが出るまで冷やす。コアントローを加えて混ぜる。

6　別のボウルに生クリームを入れ、底を氷水に当てて六分立てくらいに泡立てる。5に⅓量を加えて（e）よく混ぜたら、残りの生クリームも加えて全体を混ぜる。

7　型の内側を水で濡らして6を流し入れ、冷蔵庫で2時間以上冷やし固める。

8　7が固まったら型をさっと熱湯につけて、皿に取り出す。上に1のカラメルソースをかけて、オレンジの果肉、皮を飾る。

  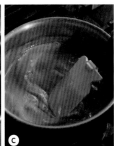 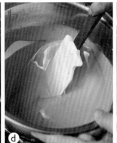 

紅茶クリームのレアチーズケーキ

ザクザクボトムとなめらかなチーズ生地のコンビがぜいたくなおいしさ。
2種の茶葉を、ボトムとチーズ生地の両方に使うのがポイントです。
フルーツはほかに、酸味の強すぎない季節のものを。

材料：15cm角の底取れ角型1台分

《ボトム》
┃ グラハムビスケット — 80g
┃ バター — 50g
┃ 紅茶（アールグレイ）— 大さじ1

クリームチーズ — 200g
グラニュー糖 — 70g
牛乳 — 100ml
紅茶（アッサム）— 大さじ1
板ゼラチン — 5g
生クリーム（乳脂肪分45 ～ 47%）— 100ml
プルーン — 4 ～ 5個
仕上げ用生クリーム — 100ml
グラニュー糖 — 小さじ2

下準備

・ボトムの茶葉は厚手のポリ袋などに入れ、
　めん棒で細かくすりつぶす。
・板ゼラチンはたっぷりの水に
　10 ～ 15分浸してもどす。
・クリームチーズとバターは
　室温にもどしておく。
・プルーンは種を除き、6等分に切る。

作り方

1　ボトムを作る。グラハムビスケットを厚手のポリ袋に入れ、めん棒でたたいて細かく砕く。バター、準備した茶葉を加えて（a）全体にしっとりとするまで混ぜ合わせる。

2　型に1を入れて手で平らに敷き詰め、使うまで冷蔵庫で冷やしておく。

3　鍋に水50ml（分量外）を入れて火にかけ、沸騰したら茶葉を加えて火を止め、ふたをして15分ほど蒸らす。牛乳を加え、再度火にかけて沸騰直前まで温めて、こす。もどしたゼラチンを加えて余熱で溶かし（b）、粗熱を取る。

4　ボウルにクリームチーズを入れ、泡立て器で混ぜる。グラニュー糖を加えてさらになめらかになるまで混ぜる。3、生クリームを加えてそのつど泡立て器ですり混ぜる（c）。

5　2の型にプルーンを並べ、4を流し入れる（d）。表面を平らにならし、冷蔵庫で1時間以上冷やし固める。

6　型から取り出し、グラニュー糖を加えて七分立てにした生クリームを表面にのせ、パレットナイフでツノを立てるようにデコレーションする。

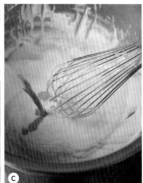

紅茶のプリン

牛乳にアッサムの香りを移して仕上げたクラシックスタイルのプリン。
低温でじっくり湯せん焼きにするのが、なめらかに仕上げるコツ。

材料：容量 120mlのプリン型7個分

卵 — 3個
卵黄 — 2個分
グラニュー糖 — 100g
牛乳 — 600ml
紅茶（アッサム）— 大さじ2
《カラメルソース》
　┌ グラニュー糖 — 50g
　└ 水 — 大さじ3
ホイップクリーム（あれば）— 適量
アメリカンチェリー（あれば）— 適量

下準備

・茶葉は厚手のポリ袋などに入れ、
　めん棒で細かくすりつぶす。
・型の側面にバター（分量外）を薄く塗る。
・オーブンを120℃に予熱する。

作り方

1 カラメルソースを作る。鍋にグラニュー糖と分量の水から大さじ1を入れて中火にかけ、まわりが焦げついてきたら鍋をゆすりながらこげ茶色になるまで焦がす。火を止めてすぐに残りの大さじ2の水を加える。準備した型の底に素早く流す。

2 ボウルに卵と卵黄を入れて溶きほぐし、グラニュー糖を加えて混ぜる。

3 鍋に牛乳と準備した茶葉を入れて沸騰直前まで温め、火を止めて5分ほど蒸らしてからこす。

4 2のボウルに3を少しずつ加え、そのつど混ぜる。3を全量加えたら、別のボウルにこす。

5 ペーパータオルで表面の泡を取り除き、型に等分に流し入れる。天板に深めのバットを置いて型をのせ、熱湯を型の底から⅓の高さまで注ぐ。

6 120℃のオーブンで約1時間焼く。粗熱が取れたら冷蔵庫で冷やす。器に盛り、ホイップクリームとチェリーを添える。

杏仁豆腐のダージリンシロップ

ひと口食べると、濃厚な杏仁の香りが口に広がります。
なめらかな口どけにさわやかな紅茶シロップが最高に合います。

材料：容量120mlのグラス4個分

水 ― 200ml

杏仁霜*¹ ― 30g

砂糖 ― 40g

棒寒天*² ― 3g

板ゼラチン ― 6g

牛乳 ― 300ml

生クリーム（乳脂肪分45〜47%）― 50ml

白桃 ― 1個

ダージリンシロップ(p.7参照) ― 全量

＊1　製菓材料専門店で入手できる。
＊2　棒寒天がなければ粉寒天1.5gで代用しても。

下準備

・p.7を参照して「ダージリンシロップ」を作っておく。

・棒寒天はさっと水で洗い、水に浸してしっかりともどす。

・板ゼラチンはたっぷりの水に、10〜15分浸してもどす。

作り方

1　鍋に分量の水を入れ、しっかりと水気を絞った寒天を加える。中火にかけ、寒天を煮溶かす。砂糖を加え、砂糖が溶けたら火を止め、準備したゼラチンを加えて余熱で溶かす。

2　ボウルに杏仁霜を入れて、1をざるでこしながら少しずつ混ぜる。

3　牛乳、生クリームを加え、ボウルの底を氷水に当てて泡立て器で混ぜながら粗熱を取る。

4　器に等分に3を流し、冷蔵庫で2時間以上冷やし固める。

5　食べやすい大きさに切った白桃を飾り、ダージリンシロップをかける。

紅茶風味のヴィクトリアケーキ

2枚のスポンジの間に甘酸っぱいジャムをサンドした、イギリスの伝統的ケーキ。
シンプルな配合のレシピで簡単に作れる割に、見た目の豪華さがうれしいポイント。
生地に焼き込んだアールグレイの香りも、もうひとつのおいしさです。

材料：直径15cmの丸型1台分

バター — 120g

粉砂糖 — 120g

卵（S玉3個）— 120g

A｜薄力粉 — 120g
　｜ベーキングパウダー — 小さじ1と¼

紅茶（アールグレイ）— 小さじ2

生クリーム — 150g

プラムジャムなど好みのもの* — 150g

粉砂糖 — 適量

＊ほかにラズベリー、すぐり、いちじくジャムなどを。

下準備

・茶葉は厚手のポリ袋などに入れ、
　めん棒で細かくすりつぶす。

・バターは室温にもどしておく。

・型にバター（分量外）を薄く塗って
　冷蔵庫で冷やしておく。

・オーブンを180℃に予熱する。

作り方

1 ボウルにバターを入れ、粉砂糖を加えて泡立て器で白っぽくふんわりとするまでしっかりとすり混ぜる（a）。

2 1に溶き卵を少しずつ加え、そのつど分離しないようにしっかりと混ぜ合わせる（b）。

3 準備した茶葉、合わせてふるったAの粉類をふるい入れ、ゴムべらでさっくりとムラのないように混ぜる（c）。

4 準備した型に強力粉（分量外）をまぶして余分は落とす。3を流し入れ、表面をならす。180℃のオーブンで約25分焼く。竹串を刺して、生地が何もついてこなかったら焼き上がり。

5 粗熱が取れたら型からはずして網の上で冷ます。

6 5を高さを半分にカットする（d）。下の部分の切り口にジャムを生地のふち1cmを残して塗る。さらに八分立てにした生クリームをジャムに塗り重ねる（e）。上半分の生地をかぶせ、表面に粉砂糖をたっぷりとふる。

紅茶のアレンジドリンク

昔よく通っていた紅茶専門店の
ドリンクメニューを再現しました。
レモンとミルクをドッキングさせた
レモンの香りがふんわり香るミルクティー。
ラムアイスクリームティーには
ラム酒を多めにふるとよりおいしいですよ。

ラムアイスクリームティー

材料：1〜2人分
紅茶(アッサム) — 大さじ2
湯 — 200ml
ラム酒、バニラアイスクリーム — 各適量
ガムシロップ — 適量

作り方

1　ポットに茶葉を入れ、熱湯を注いで
　　5分ほどおいて濃いめに抽出する。

2　グラスに氷を多めに入れ、茶こしを
　　通して1を注ぐ。好みの量のガムシ
　　ロップを加えて混ぜ、アイスクリー
　　ムをのせて、ラム酒をふる。

レモンミルクティー

材料：1〜2人分
紅茶(アッサム) — 大さじ1
水 — 100ml
レモンの皮 — 1個分
牛乳 — 200ml

作り方

1　鍋に水を沸騰させて火を止め、茶葉
　　とレモンの皮を入れて15分ほどふ
　　たをして蒸らす。

2　1に牛乳を加えて火にかけ、沸騰直
　　前まで温める。茶こしを通してカッ
　　プに注ぐ。

紅茶とスイーツ

紅茶党で、アッサムベースのミルクティーが好きな坂田さん。現在は、昨年オープンした洋食店のオーナーとして「ゆっくり座って紅茶を楽しむ時間が少なくなりました」と多忙を極めた生活です。

紅茶のお菓子は茶葉をすりつぶす、熱湯で蒸らす、牛乳や生クリームで煮出すなどの方法で生地に加えてアクセントをつけるのですが、それに向く茶葉がアッサムとアールグレイ。

「アッサムはストレートで濃厚でコクのある味わいですが、マイルドな牛乳や乳製品とも相性抜群。ババロアやプリンの牛乳に香りを移すと、香りももうひとつのおいしさということがよくわかります」

一方、エキゾチックな香りが個性的なアールグレイ。「茶葉によっては焼くことで香りが飛んでしまったりしがちですが、香りが強いアールグレイは、熱を加えても冷やしても香りが残ります。特にレモン、オレンジ、グレープフルーツなどの柑橘系のフルーツと合います。また、クリームチーズや牛乳やバターを使った生地やクリームとも相性がいいですね。私の十八番の八角をきかせたあんずのパウンドケーキに加えてもおいしいと思います」

独特の香りとやや苦みのあるダージリンはお菓子作りには向きませんが、シロップとして使うとすっきりした味わいで、おすすめだそうです。

坂田さんが自ら腕をふるう「洋食KUCHIBUE」は、現在、週末を中心に営業中。マカロニグラタンなど定番のメニューが揃うオンラインショップも開設。

紅茶はお店でも提供している。休憩中にスタッフとともに紅茶を楽しむことも多い。

坂田阿希子 (さかた・あきこ)

菓子・料理研究家。料理研究家のアシスタントを経て、フランス菓子店、フランス料理店などで経験を積み、独立。料理教室「studio SPOON」をスタートさせる。本格的なお菓子や洋風料理から、作りやすい日々の家庭料理まで、幅広いレパートリーを持つ。ジャンルを問わず「おいしいもの」を作り出すセンスは抜群。雑誌や書籍など多方面で活躍中。2019年に都内に「洋食 KUCHIBUE」をオープン。著書に『SPOON 坂田阿希子の料理教室』(グラフィック社)、『あまくないからおいしいお菓子』(家の光協会)、『クリームのことがよくわかる!お菓子の本』(文化出版局)など多数。

PART 2

抹茶のスイーツ

●お菓子製作／飯塚有紀子

芳醇な香りでほろ苦く、
鮮やかな緑色が目を引く抹茶スイーツ。
お茶スイーツの先駆けとして抹茶を使ったお菓子は、世界中で人気です。
粒子が細かい抹茶は、そのまま焼き菓子から冷菓まで使えるのも魅力。
濃厚なおいしさから優しい味わいまでアレンジ自在なのも抹茶ならでは。
お茶の葉を丸ごと100％生かしたスイーツをご紹介します。

A 種類

・抹茶

直射日光を遮って育てた茶葉を蒸してから乾燥させたものが「碾茶」。それを石臼で細かくひいたものが抹茶となる。ほかの茶葉と違い、お湯で溶かして飲むので、ビタミンなどの栄養も丸ごととれる。表示の賞味期限を守り、開封後は密閉して保存し、早めに使い切ること。

B 下準備

粒子が細かい抹茶はダマになりやすく、ほかの材料となじみにくい。かならず茶こしや目の細かいざるなどでふるって使うこと。

薄力粉などの粉類と合わせて使うときは、あらかじめふるった抹茶をまとめていっしょにふるう。

抹茶をほかの材料に一気に加えるのは禁物。まずふるった抹茶を砂糖に加えてよく混ぜてから加えるとなじみやすい。

C シロップを作る

抹茶のシロップ

材料：できあがり約100ml
抹茶 — 小さじ1
上白糖 — 60g
水 — 50ml

作り方

1 小鍋に抹茶をふるい入れ、上白糖を加えてよく混ぜる。水を加えてさらに混ぜ、中火にかける。

2 鍋の中心までしっかりと沸騰したら火を止めて冷ます。保存容器などに移し、冷蔵庫で保存する。

使い方

かき氷のシロップとして、白玉やわらび餅にかけたり、ミルクを注いで抹茶ラテにも。 添えたホイップクリームにさらにこのシロップをかけても。

抹茶とゆで小豆の
ニューヨークチーズケーキ

抹茶のほろ苦さと香りがきいた深い緑色の大人のチーズケーキ。
濃厚な味わいのチーズ生地にゆで小豆の淡い塩気でバランスをとりました。
チーズ生地は終始ハンドミキサーで混ぜると、なめらかに仕上がります。

材料：直径18cmの底取れ丸型1台分

《ボトム》
　グラハムクッキー — 80g
　バター — 40g
クリームチーズ — 180〜200g
牛乳 — 10ml
A　グラニュー糖 — 40g
　抹茶 — 小さじ3
卵 — 1個
ゆで小豆（市販品） — 150g
仕上げ用抹茶 — 適量

下準備

・Aの抹茶はふるい、
　グラニュー糖と混ぜておく。
・クリームチーズ、牛乳、
　卵は室温にもどしておく。
・型の底と側面に
　オーブンシートを敷いておく。
・オーブンを150℃に予熱する。

作り方

1　ボトムを作る。グラハムクッキーを厚手のポリ袋に入れ、めん棒でたたいて細かく砕く。バターを加えて全体にしっとりとするまで混ぜ合わせる。

2　型に1を入れて手で平らに敷き詰め（a）、冷蔵庫で冷やしておく。

3　ボウルにクリームチーズを入れ、ハンドミキサーでなめらかになるまで混ぜ合わせる。牛乳を加えて（b）、クリームチーズのかたまりがなくなるまでさらに混ぜる。

4　準備したAを加えてハンドミキサーで混ぜ（c）、溶き卵を加えて混ぜ合わせる（d）。ざるでこす。

5　2の型の底をアルミホイルでおおう。型のふちから1cmほど残してゆで小豆を散らし、4の生地を流し入れる（e）。表面にアルミホイルをかぶせる。

6　天板に型をのせ、約40℃の湯を型の底から1〜2cm高さまで注ぐ。

7　150℃のオーブンで約20分湯せん焼きにしてオーブンを止め、オーブンの中で約20分そのままおく。

8　オーブンから取り出し、上のアルミホイルをはずして、網の上で冷ます。完全に冷めたら、型ごと冷蔵庫に入れ、半日ほど冷やす。仕上げに茶こしで抹茶をふる。

抹茶のメレンゲ

サクサクッと口の中で溶ける、キュートなメレンゲ。
卵白1個分のイタリアンメレンゲから、こんなにたくさん作れます。
軽やかな食感でもうひとつと後を引くおいしさです。

材料：直径約2cmのもの30~35個分

《イタリアンメレンゲ》

卵白 — 1個分（約35g）

A｜グラニュー糖 — 60g
　｜水 — 25ml

B｜抹茶 — 小さじ1
　｜水 — 小さじ1

《抹茶ガナッシュ》

　｜ホワイトチョコレート* — 35g
　｜抹茶 — 小さじ½

仕上げ用抹茶 — 適量

＊製菓用でも板チョコレートでもよい。

下準備

・Bの抹茶はふるって、水で溶く。

・ボウルに卵白を入れ、
　室温にもどしておく。

・オーブンを130℃に予熱する。

作り方

1　イタリアンメレンゲを作る。 小鍋にAを入れて中火にかけ、シロップを作る。 鍋肌がふつふつしてきたら、準備した卵白をハンドミキサーの低速で泡立てはじめる。

2　シロップをすくい、落としたシロップが糸を引くようになったら（a）、卵白を泡立て続けながら、シロップを少しずつ加える（b）。

3　ハンドミキサーを高速にしてさらに泡立て続ける。 ボウルの底をさわっても熱くなく、常温になるまで混ぜ続け、ツノがピンと立つかたいメレンゲを作る（c）。

4　準備したBを加えて、ゴムべらで手早く混ぜる。

5　4を直径1cmの丸口金をつけた絞り袋に入れ、天板に2cm大に絞る（d）。 茶こしで抹茶をふるう。

6　130℃のオーブンで約45分焼く。 焼き上がったら、そのままオーブンの中で冷ます。

7　抹茶ガナッシュを作る。 ホワイトチョコレートは適当な大きさに刻み、ボウルに入れて50〜60℃の湯せんにかけて溶かす。 抹茶をふるい入れて、よく混ぜ合わせる。

8　6が冷めたら、抹茶ガナッシュを塗ってもう1個でサンドする（e）。 残りも同様に作る。

＊密閉容器に乾燥剤を入れて保存を。 湿度が高い時季は、冷蔵庫で保存するのがおすすめ。

  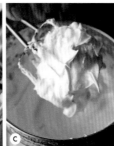  

a　b　c　d　e

抹茶のアイスクリーム

乳製品と相性のよい抹茶をぜいたくに使ったパルフェ風アイスクリーム。
生クリームとメレンゲで空気を抱き込むので、固める途中でのかき混ぜも不要。

材料：約4人分

牛乳 — 100ml

　　粉ゼラチン — 5g
　　水 — 25ml

抹茶 — 小さじ4

グラニュー糖 — 60g

卵黄 — 2個分

生クリーム（乳脂肪分35%）— 200ml

《メレンゲ》

　　卵白 — 2個分
　　グラニュー糖 — 50g

下準備

・抹茶はふるっておく。

・ボウルに卵白を入れ、
　冷蔵庫で冷やしておく。

・水に粉ゼラチンをふり入れて混ぜ、
　冷蔵庫で30分ほどふやかす。

作り方

1 鍋に牛乳を入れて中火にかける。鍋肌がふつふつとしてきたら火を止め、準備しておいたゼラチンを加えて溶かす。

2 ボウルに抹茶を入れ、グラニュー糖を加えてよく混ぜ合わせる。卵黄を加えてすり混ぜ、1を加えてさらに混ぜる。

3 別のボウルに生クリームを入れ、底を氷水に当てて泡立て器で十分立てにかたく泡立てる。

4 メレンゲを作る。準備しておいた卵白にグラニュー糖を分量から小さじ1ほど加えてハンドミキサーの低速で混ぜ、全体が白っぽくきめの細かい泡状になったら高速にして、残りのグラニュー糖を2回に分けて加える。さらにツノが立つまで泡立てる。

5 2をこして別のボウルに移し、底を氷水に当てて、少しゼラチンが固まってフルッとしてきたら、3の生クリームを2回に分けて加え、ゴムべらで混ぜ合わせる。

6 5に4のメレンゲを半量ずつ加え、ゴムべらで泡をつぶさないようにふんわりと混ぜる。密閉容器に移し、冷蔵庫で一晩冷やし固める。

抹茶のプリン

とろんとなめらかな口溶けの抹茶風味の蒸し焼きプリン。
このまま食べても、相性のよい黒みつを添えるとより美味。

材料：容量70mlのココット型5個分

卵 — 1個

A｜抹茶 — 小さじ3
　｜グラニュー糖 — 45g

牛乳 — 150ml

生クリーム（乳脂肪分45〜47%）— 100ml

黒みつ（市販品）— 適量

下準備

・Aの抹茶はふるい、
　グラニュー糖と混ぜておく。

・オーブンを160℃に予熱する。

作り方

1 ボウルに卵を溶きほぐし、準備したAを加えてよくすり混ぜる。

2 鍋に牛乳を入れて火にかけ、鍋肌がふつふつとしてきたら1に加えて混ぜる。生クリームを加えてさらに混ぜる。

3 2を茶こしを通してこしながら型に等分に注ぐ。

4 天板に深めのバットを置いて3を並べ、型にそれぞれアルミホイルをかぶせる。バットに約40℃の湯を型の底から2cm高さまで注ぐ。

5 160℃のオーブンで約40分湯せん焼きにする。型をゆらして、プリン液が大きくゆれなければ焼き上がり。

6 オーブンから取り出し、アルミホイルをはずして網の上で冷ます。粗熱が取れたら冷蔵庫で冷やす。黒みつをかける。

＊黒みつは市販品でもよいが、簡単に手作りできる。小鍋に黒砂糖50gと水25mlを入れて中火にかけ、混ぜながらしっかりと沸騰したら火を止める。粗熱を取って、冷蔵庫で冷やす。

抹茶のババロア

抹茶スイーツの先駆けとして人気のババロア。
鼻に抜ける抹茶の香りと、上品な苦味はまさにお店仕様の味。
ゼラチン液と泡立てた生クリームを同じとろみ加減にするのがコツ。

材料：直径7×高さ5cmのゼリー型5個分

牛乳 — 100ml

   粉ゼラチン — 5g

   水 — 25ml

卵黄 — 2個分

A 抹茶 — 小さじ1と½

   グラニュー糖 — 45g

生クリーム（乳脂肪分35%）— 100ml

仕上げ用ホイップクリーム（あれば）— 適量

下準備

・Aの抹茶はふるい、
　グラニュー糖と混ぜておく。

・水に粉ゼラチンをふり入れて混ぜ、
　冷蔵庫で30分ほどふやかす。

作り方

1 鍋に牛乳を入れて中火にかける。鍋肌がふつふつとしてきたら火を止め、ふやかしておいたゼラチンをちぎり入れる。

2 ボウルに卵黄を溶きほぐし、準備したAを加えてよくすり混ぜる（a）。

3 1のゼラチンが溶けたら2に加えてよく混ぜ合わせる。ざるでこして別のボウルに移す（b）。

4 別のボウルに生クリームを入れて、底を氷水に当てながら五分立て（軽くとろみがつき、泡立て器を持ち上げると少し跡が残り、1〜2秒で消えるくらい）にする。

5 3のボウルの底に氷水を当て、ゴムべらでときどき混ぜながら、とろみをつける（c）。生クリームと同じ程度のとろみがついたら氷水からはずし、4の半量を加えて（d）ムラなく混ぜ合わせ、残りも加えて混ぜる。

6 5を型に等分に流し入れ、冷蔵庫で1時間ほど冷やし固める。

7 6が固まったら約40℃の湯に2〜3秒つけ、ババロアを手で軽く押して型との間に隙間を作り、型に沿ってすべらせるように外して皿にのせる。九分立てにしたホイップクリームを飾る。

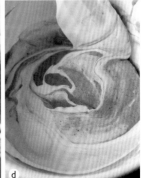

a   b   c   d

抹茶のサブレ

甘さ控えめ、抹茶風味のサクサクとした軽い食感が魅力の、
生地を冷やし固めて作る、手軽なアイスボックスクッキー。
まわりにまぶしたアーモンドがカリッとアクセント。

材料：直径約3cm大のもの25〜30枚分

バター — 50g

A | 抹茶 — 小さじ3
　| グラニュー糖 — 25g

B | 薄力粉 — 45g
　| アーモンドパウダー — 25g
　| コーンスターチ — 25g

アーモンド — 20g

下準備

・バターは室温にもどしておく。
・アーモンドは刻む。
・Aの抹茶はふるい、
　グラニュー糖と混ぜておく。
・天板にオーブンシートを敷く。
・オーブンを180℃に予熱する。

作り方

1　ボウルにバターを入れ、泡立て器でクリーム状になるまですり混ぜる。

2　1に準備したAを加えて（a）、泡立て器でよくすり混ぜる。

3　Bの粉類を合わせてふるい入れ、ゴムべらで粉気がなくなるまで混ぜる（b）。

4　3をラップに移してひとまとめにし、直径2cmほどの棒状にまとめる（c）。冷蔵庫で1時間ほど休ませる。

5　湿らせたペーパータオルで4の生地のまわりを軽く拭き、ボードやバットに広げたアーモンドの上で転がして、アーモンドをまぶしつける（d）。

6　5を約1cm幅に、25〜30等分に輪切りにする。間隔をあけて天板に並べる。180℃のオーブンで12〜15分焼く。

＊多めに生地を作り、棒状にまとめた状態で冷凍保存もできる。

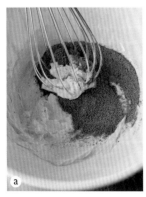

抹茶のテリーヌ

ホワイトチョコの甘さに抹茶のほろ苦さが絶妙なテリーヌ。
ねっとりと濃厚な味わいが、抹茶好きにはたまりません。
本格的な仕上がりですが、じつは次々に材料を混ぜるだけで作れます。

材料：18×7×高さ6cmのパウンド型1台分

ホワイトチョコレート（製菓用）— 200g

バター — 100g

生クリーム

（乳脂肪分45〜47%）— 100g

A　抹茶 — 20g

　　グラニュー糖 — 10g

卵 — 2個

仕上げ用抹茶 — 適量

下準備

・Aの抹茶はふるい、
　グラニュー糖と混ぜておく。

・ホワイトチョコレートは粗く刻む。

・型にオーブンシートを敷く。

・オーブンを150℃に予熱する。

作り方

1　ボウルにホワイトチョコレートとバターを入れ、約60℃の湯せんにかけ、ゴムべらで混ぜて溶かす（a）。さらに生クリームを加えて混ぜる。

2　準備したAを加えて、よく混ぜ合わせる（b）。

3　溶き卵を2〜3回に分けて加え、すり混ぜる。

4　別のボウルに3の生地をざるでこしながら入れる（c）。型に流し入れて平らにならし、アルミホイルをかぶせる。

5　深めのバットに型をのせ、天板に置く。バットに約40℃の湯を型の底から高さ2cmほど注ぐ（d）。150℃のオーブンで約50分湯せん焼きにする。

6　焼き上がったらアルミホイルをはずして、網の上で冷ます。型ごと冷蔵庫に入れ、半日ほど冷やす。仕上げに茶こしで抹茶をふる。

a

b

c

d

抹茶と甘納豆のパウンドケーキ

カットした断面の萌黄色が美しい、和テイストのパウンドケーキ。
フィリングの甘納豆が抹茶のほろ苦さと相性抜群です。

材料：20×8×高さ7cmのパウンド型1台分

バター — 120g

粉砂糖 — 120g

卵 — 2個

A ┌ 薄力粉 — 120g

　 └ ベーキングパウダー — 小さじ½

抹茶 — 小さじ2

甘納豆（市販品）— 100g

下準備

・抹茶はふるっておく。

・バターと卵は室温にもどしておく。

・型にオーブンシートを敷く。

・オーブンを160℃に予熱する。

作り方

1 ボウルにバターを入れ、泡立て器でクリーム状になるまで混ぜる。粉砂糖をふるい入れて、すり混ぜる。

2 溶きほぐした卵を10回くらいに分け、少しずつ加えてそのつど混ぜる。

3 Aの粉類に抹茶を合わせてふるい入れ、甘納豆を加え、ゴムべらで粉っぽさがなくなるまで混ぜ合わせる。

4 型に3を流し、表面を平らにならす。160℃のオーブンで55～60分焼く。型からはずし、オーブンシートをはがして網の上で冷ます。

抹茶のミニどら焼き

抹茶が香る生地であんこをサンドした、ひと口サイズのミニどら焼き。
ティータイムはもちろん、おもたせとしても喜ばれます。

材料：直径6cmのもの15個分

卵 — 2個

A | 上白糖 — 80g
　 | 抹茶 — 小さじ1

はちみつ — 大さじ1

水 — 50ml

　 | 薄力粉 — 120g
　 | ベーキングソーダ — 小さじ½

粒あん（市販品）— 300g

下準備

・Aの抹茶はふるい、上白糖と混ぜておく。

作り方

1　ボウルに卵を溶きほぐし、準備したAを加えて 泡立て器で泡立てる。もったりした状態になり、泡立て器ですくったときに筋が残るくらいまでしっかりと泡立てる。

2　はちみつ、水を加えて混ぜる。薄力粉とベーキングソーダを合わせてふるい入れ、粉気がなくなるまで 泡立て器で混ぜる。

3　2のボウルにラップをして冷蔵庫で30分ほど休ませる。

4　フライパンを中火で熱し、水を1滴落とす。コロコロと水滴が 転がるようになったら、弱火にして、ペーパータオルでサラダ油（分量外）を薄く塗る。生地を大さじ1杯分落とすと、自然に広がって直径6cmほどの大きさになる。フライパンの大きさにもよるが2〜3枚同時に焼ける。

5　3分ほどして表面にぽつぽつと気泡が出てきたら、裏返してさらに約1分焼いて取り出す。同様にして計30枚焼く。

6　生地が冷めたら、生地1枚に15等分した粒あんをのせ、もう1枚の生地でサンドする。残りも同様に作る。

抹茶のマドレーヌ

抹茶の豊かな香りとバターの風味が絶妙なハーモニー。
割ったときの緑色が目に鮮やかなマドレーヌ。
外はカリッ、中はしっとりと焼けたら大成功。

材料：縦8cmのマドレーヌ型6個分

卵 — 1個

グラニュー糖 — 50g

はちみつ — 大さじ½

牛乳 — 大さじ1

A｜薄力粉 — 50g

　｜抹茶 — 小さじ1と½

　｜ベーキングパウダー — 小さじ⅓

バター — 50g

下準備

・型にバター（分量外）を薄く塗り、
　強力粉（分量外）をふって、余分は落とし、
　冷蔵庫で冷やしておく。

・Aの抹茶はふるっておく。

・オーブンを190℃に予熱する。

作り方

1　ボウルに卵を溶きほぐし、グラニュー糖を加えて泡立て器で混ぜる。はちみつと牛乳を加えて混ぜる。

2　Aの粉類を合わせて1にふるい入れ（a）、泡立て器を立てて、ぐるぐると円を描くように粉気がなくなるまで混ぜる（b）。

3　小鍋にバターを入れて中火にかける。バターが溶けたら熱いうちにゴムべらに当てながら2に加え（c）、さらに泡立て器で混ぜる。

4　3のボウルにラップをして、冷蔵庫で1時間ほど休ませる。

5　4を型に絞り入れ（d）、190℃のオーブンで13〜15分焼く。ふくらんだおへその部分が水っぽくなければ焼き上がり。

6　焼き上がったら、すぐに型からはずす。網の上に取り出して冷ます。

抹茶のアレンジドリンク

クリームのなめらかさに、
シャリシャリとした氷の食感がうれしい
フローズンドリンクは、
牛乳を固めた牛乳氷を使うのがポイントです。
抹茶と相性のいい
ホワイトチョコレートのホットドリンクは、
砂糖のかわりに甘みをチョコレートでつけました。

抹茶のフローズンドリンク

材料：2人分

| 抹茶 — 小さじ2
| 砂糖 — 小さじ4
| 湯 — 小さじ4
| 生クリーム — 100ml
| グラニュー糖 — 10g
牛乳氷用の牛乳 — 200ml
牛乳 — 100ml

作り方

1 牛乳氷用の牛乳は製氷皿または密閉容器などで凍らせておく。

2 ボウルに生クリームとグラニュー糖を入れ、底を氷水に当てて泡立て器で九分立てにする。

3 小さなボウルに抹茶を茶こしを通してふるい入れ、砂糖を加えてよく混ぜ、湯を加えて溶き混ぜる。

4 ミキサーに牛乳氷、牛乳、3を入れて、なめらかになるまで攪拌する。グラスに注ぎ、2をのせる。

抹茶のホットチョコレート

材料：2人分
ホワイトチョコレート — 20g
抹茶 — 小さじ1
牛乳 — 200ml
仕上げ用抹茶（好みで） — 適量

作り方

1 カップに細かく刻んだホワイトチョコレートを入れ、抹茶を茶こしを通してふるって加える。

2 小鍋に牛乳を入れ沸騰直前まで温め、小さじ1ほどを1に加えてよく混ぜる。残りの牛乳を注いで混ぜる。カップに注ぎ、抹茶を茶こしを通してふる。

抹茶とスイーツ

料理研究家のみならず、グラフィック
デザイナーという顔を持つ飯塚さん。
小学校3年生のときにはじめて作った
お菓子は、マドレーヌだったそう。

飯塚有紀子 (いいづか・ゆきこ)

料理研究家、グラフィックデザイナー。大学在学中
から本格的にお菓子作りを学び、デザイン事務所勤
務を経て、2000年より20年間、お菓子教室「un
Pur...（アンピュール）」にて暮らしの中で作るお菓
子を提案。現在は、家で作っておいしく食べる暮ら
しのレシピサイト〈eat at home〉にて、家で作る時
間やみんなでおいしく食べる時間を何より楽しむこ
と、保存食や発酵食など食材を長くいただく知恵…
など、さまざまな暮らしの中の大切にしたいことや
レシピを伝えている。著書に『やさしいお菓子』『や
さしい果物のお菓子』（ともに雷鳥社）、『いつでも
おやつ』（NHK出版）など多数。
www.eat-at-home.jp/

「日常で抹茶をたてることはそれほど多くはあり
ませんが、目にも楽しい抹茶を使ったお菓子は好き
でよく作ります」と話す飯塚さん。「抹茶のほろ苦
さは、小豆やバター、生クリームなどの乳製品、チョ
コレートなどの強い甘みの材料とよく合います。ほ
かのお茶と違って、細かくすりつぶしたり、煮出し
たりせずにダイレクトに使えるのも魅力です」

お菓子を作るときの抹茶の扱い方は、「粒子の細
かい抹茶はかならずこして、ダマにならないように
するのがコツです。粉類といっしょにふるう、また
砂糖とよく混ぜてから加えると生地になじみますよ。
抹茶をどのタイミングでどう加えるかが抹茶のお菓
子の成功の決め手です」

「値段の幅が広い抹茶ですが、さまざまな材料と
合わせて使うお菓子作りに、茶道で使う抹茶を使う
のは少しもったいない気がします」と飯塚さん。

「私は日本茶専門店で質がよく、価格が手頃なも
のを選んでいます。抹茶のお菓子は市販品でもたく
さんありますが、抹茶は鮮度も落ちやすいもの。手
作りでしたら香りよく、色も美しい、最高においし
い抹茶のお菓子が味わえますよ」

お菓子の焼き型が積み重ねられた
キッチンの棚。小さなプチフール用
の型は、おもてなしに活躍。

PART 3

煎茶・ほうじ茶

日本茶のスイーツ

◉ お菓子製作／小堀紀代美

急須でいれて飲むだけではなく、緑茶やほうじ茶のミルクティーなど、
新しい日本茶の飲み方が近年、注目されています。
また、飲むだけでなく、茶葉を煮出したり、すりつぶしたりして
お菓子の生地に加えると、日本茶の世界がさらに広がります。
薄緑色のさわやかな煎茶、琥珀色の香ばしいほうじ茶、
それぞれの風味を存分に生かしたスイーツレシピです。

A 種類

・煎茶

・ほうじ茶

いちばんよく飲まれている日本茶の代表格。日光を遮らずに栽培した茶葉を発酵させずに蒸して、よくもんで伸ばしながら乾燥させたもの。すっきりとした味わいでうまみと渋みが調和し、さわやかな香りが特徴。

煎茶や番茶などの硬い茎や葉を焙煎して作られるお茶。炒じることで、含まれるカフェインやタンニンは煎茶に比べてぐっと少なくなる。香ばしさとすっきりとした軽い味わいが楽しめる。元のお茶の種類により、香り、味、水色もさまざま。

B 下準備

煎茶、ほうじ茶はポリ袋に入れ、袋の上から手でもんで細かくしておく。あればミルを使うとよい。

煎茶は湯（約80℃）、ほうじ茶は熱湯を少量加えて蒸らす。お菓子によってはここに牛乳や生クリームを加えて煮出す場合もある。

ほうじ茶の場合、鍋に入れて弱めの中火でから炒りすると香りが立つ。また、水分が飛んで刻みやすくなる。

C シロップを作る

ほうじ茶シロップ

材料：できあがり約300ml

ほうじ茶 — 10g
グラニュー糖 — 100g
湯 — 100ml
水 — 200ml

作り方

1 耐熱容器にグラニュー糖と湯を入れてよく混ぜ、グラニュー糖を溶かす。

2 粗熱が取れたら水とほうじ茶を加えて7〜8時間冷蔵庫に置き、水出しする。

3 ざるで茶葉をこし、保存容器に入れ、冷蔵庫で保存する。

使い方

「ほうじ茶寒天と白玉のお茶シロップ」（p.54）に使用。このほか、あんみつやかき氷にかけたり、フレンチトーストの卵液の牛乳をこのシロップにかえてもOK。また、牛乳を加えたほうじ茶アイスミルクもおすすめ。

ぶどうのほうじ茶パイ

焙煎の香ばしい香りが楽しめるのは、ほうじ茶入りのパイ生地ならでは。
のばした生地のふちを手で折りたたむだけのラフな型なしパイ。
ぶどうのほかに、オレンジやいちじくなどのフルーツでアレンジを。

材料：直径20cm大のもの1個分

強力粉 — 100g

塩 — ひとつまみ

バター — 55g

冷水 — 45ml

ほうじ茶 — 10g

ぶどう* — 230 〜 250g

溶かしバター — 20g

グラニュー糖 — 大さじ 2 〜 3

*レッドグローブなど皮ごと食べられる種
なし品種を3種ほど組み合わせて。

下準備

・ほうじ茶はポリ袋に入れ、
　もんで細かくする。

・バターは1cm角に切る。

・角切りのバター、塩、
　ふるった強力粉を冷蔵庫で冷やすか、
　冷凍庫に10分ほど入れる。

・ぶどうは大粒なものは半分に切る。

・オーブンを190℃に予熱する。

作り方

1　ボウルに強力粉と塩を入れてフォークでくるくるとよく混ぜる。バターを加えてひと混ぜし、カード（あれば2枚）でバターを刻みながら粉と合わせる（a）。

2　バターが細かくなったら、指先で粉にバターをすり込むようにしてさらに合わせ、さらさらした状態にする。準備した茶葉を加えてフォークで混ぜる（b）。

3　2に冷水の半量を加え、フォークでさっくり混ぜる。指でつまむようにして（c）生地をつなぎ合わせる。粉っぽさが残るところに残りの冷水を加え、フォークでさっくり混ぜる。

4　生地を指でつまんでかたまりを作る。合わせて2〜3回こねてひとつの生地にまとめる。ラップで包み、冷蔵庫で約1時間休ませる。

5　オーブンシートに強力粉（分量外）で打ち粉をして、4をのせ、めん棒で直径25cmほどの大きさの円形に伸ばす（d）。生地の上にグラニュー糖少々（分量外）をふる。途中で生地がだれてきたら冷蔵庫で10分ほど冷やす。

6　生地のふちから3cmほどのところに、ぶどうを丸く並べて一周する。その内側にもぶどうを一面に並べて埋める。生地のふちをヒダを作りながら（e）ぶどうにかぶせる。

7　ハケで溶かしバターを生地とぶどうに塗って、上からグラニュー糖の半量をまんべんなくふる。

8　7をオーブンシートごと天板に移し、190℃のオーブンで60〜70分焼く。オーブンから出し、残りのグラニュー糖をふる。

*冷めたら、オーブンやオーブントースターで温め直して食べるとよい。

a　b　c　d　e

煎茶クリームマスカルポーネケーキ

甘さ控えめな和洋折衷のティラミス風チーズケーキ。
シロップと生クリームにダブルで加えた煎茶が、チーズの風味を引き立てます。
すっきりさわやかな味わいで、後を引くおいしさです。

材料：21×15×高さ4.5cmの容器1台分

卵黄 — 2個分
グラニュー糖 — 30g
マスカルポーネ — 150g
煎茶 — 5g
生クリーム（乳脂肪分45〜47%）— 100ml
フィンガービスケット — 10本
ピスタチオ（あれば）— 15g
《煎茶シロップ》
　煎茶 — 5g
　湯 — 150ml
　グラニュー糖 — 30g
　レモン汁 — 小さじ⅓

下準備

・ポリ袋に入れてもんだ茶葉に
　湯小さじ1（分量外）をかけ、
　さらに生クリームを加えて混ぜる。
　冷蔵庫に30分〜一晩おく。
・ピスタチオは細かく刻む。

作り方

1　煎茶シロップを作る。茶葉に湯を注ぎ、2〜3分蒸らす。ぎゅっとこして、グラニュー糖を加えて溶かし（a）、レモン汁を加えて混ぜる。

2　ビスケットを1のシロップに両面つけて、容器に並べる（b）。シロップが残ったら、ビスケットにかける。

3　ボウルに卵黄とグラニュー糖を入れ、ハンドミキサーで白っぽくなるまですり混ぜる。マスカルポーネと準備した茶葉入り生クリームを入れて（c）もったりするまで混ぜる（d）。

4　2のビスケットの上に3をのせて（e）、表面をならして冷蔵庫で3〜4時間冷やす。ピスタチオを飾る。

 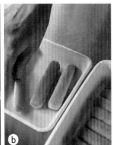  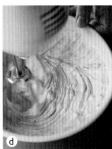 

ほうじ茶とミックスナッツのクロッカン

混ぜるだけであっという間にできる、カリカリ食感がうれしいクッキー。
ほうじ茶の茶葉を焼き込んで、軽やかで香ばしい風味に。

材料：直径5〜6cm大のもの30〜35個分

薄力粉 — 30g

A ┌ ほうじ茶 — 10g
  │ グラニュー糖 — 100g
  └ 塩 — ひとつまみ

卵白 — 1個分（36〜38g）

ミックスナッツ* — 50g

粉砂糖 — 適量

*カシューナッツ、くるみ、
アーモンドなど好みでミックスして。

下準備

・Aのほうじ茶はポリ袋に入れ、もんで細かくし、グラニュー糖、塩と混ぜておく。

・ナッツ類を粗く刻む。

・天板にオーブンシートを敷く。

・オーブンを160℃に予熱する。

作り方

1 ボウルに薄力粉をふるい入れ、Aを加えて泡立て器で均一になるように混ぜる。

2 卵白を加え、ゴムべらでボウルにこすりつけるようにして粉気がなくなるまで、卵白の水分を吸収させる。ナッツを加えて混ぜる。

3 2の生地を小さじ1ずつスプーンですくい、間隔をあけて天板の上に落とす。茶こしで粉砂糖をふる。

4 160℃のオーブンで約25分焼く。オーブンから取り出し、完全に冷めたらそっとはがす。
＊密閉容器に乾燥剤を入れて常温保存を。

煎茶のマドレーヌ

煎茶のすっきりとした繊細な甘みがバターにマッチ。
さっくりと軽い食感のマドレーヌ、ぜひ焼き立てを味わってください。

材料：縦7.5cmのマドレーヌ型8個分

卵 — 1個

グラニュー糖 — 50g

煎茶 — 8g

A｜ 薄力粉 — 50g
　｜ ベーキングパウダー — 小さじ½
　｜ 塩 — ひとつまみ

バター — 60g

下準備

・煎茶はポリ袋に入れ、もんで細かくし、湯（約80℃）大さじ1を加えて蒸らす。

・卵は室温にもどしておく。

・型にバター（分量外）を薄く塗り、強力粉（分量外）をふり、冷蔵庫で冷やしておく。

・オーブンを180℃に予熱する。

作り方

1 ボウルに卵を入れて溶きほぐす。グラニュー糖と準備した茶葉を加えて、泡立て器で混ぜる。

2 Aの粉類を合わせてふるい入れ、泡立て器で粉気がなくなるまで混ぜる。

3 バターを湯せんにかけて溶かす。粗熱が取れたら2に5回に分けて加え、そのつどなめらかになるまで泡立て器で混ぜる。

4 3のボウルにラップをして室温に30分ほどおく。

5 4の生地を絞り袋に入れ、型の八分目まで絞り出す。

6 180℃のオーブンで15〜18分焼く。焼き上がったら台に落とし、すぐに型からはずす。網の上に取り出して冷ます。

煎茶のパウンドケーキ レモンアイシング

煎茶の葉をたっぷり加えた、断面の薄緑色が美しいパウンド。
相性のよいオレンジピールが煎茶の香りを引き出します。
仕上げのレモンアイシングでワンランクアップの表情に。

材料：18×8×高さ8cmのパウンド型1台分

バター — 100g

グラニュー糖 — 100g

煎茶 — 15g

卵 — 2個

- 薄力粉 — 100g
- ベーキングパウダー — 小さじ½

オレンジピール（刻み）* — 50g

《レモンアイシング》

- 粉砂糖 — 75g
- レモン汁 — 大さじ1

*細切りのオレンジピールは5mm角に刻む。

下準備

・煎茶はポリ袋に入れ、もんで細かくし、湯（約80℃）大さじ2を加えて蒸らす。

・バターと卵は室温にもどしておく。

・オレンジピールに薄力粉小さじ1（分量外）をまぶす。

・型にオーブンシートを敷く。

・オーブンを180℃に予熱する。

作り方

1 ボウルにバターとグラニュー糖を入れ、ハンドミキサーで白っぽくなるまでよく混ぜる。準備した茶葉を加えてさらに混ぜる（a）。

2 溶き卵を少しずつ加え（b）、分離させないようにハンドミキサーでそのつどしっかりなじむまで混ぜる。

3 薄力粉とベーキングパウダーを合わせてふるい入れ、ゴムべらで粉が見えなくなるまでさっくりと切るように混ぜる（c）。オレンジピールを加えて混ぜる。

4 3を型に流し入れて平らにならす。中心がきれいに割れるように、真ん中にナイフを底まで入れて往復する（d）。180℃のオーブンで約50分焼き、型から出して粗熱を取る。

5 レモンアイシングを作る。粉砂糖にレモン汁を加えてなめらかになるまで混ぜる。

6 4の粗熱が取れたら、5のアイシングをスプーンの背などを使って上面に塗る（e）。そのままおいて、アイシングが手につかなくなるまで乾かす。

  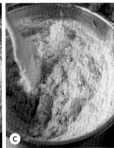  

ほうじ茶寒天と白玉のお茶シロップ

ほうじ茶のコクと甘みを引き出した、食後のひんやりデザート。
寒天のきれいな琥珀色を生かすには急冷させるのがコツ。
ほうじ茶シロップを添えて、よりのどごしさわやかに。

材料：12×14.5cmの流し缶1台分

《ほうじ茶寒天》
| ほうじ茶 — 10g
| 熱湯 — 500ml
| グラニュー糖 — 50g
| 粉寒天 — 4g
| 水 — 100ml

《白玉》
| 白玉粉 — 50g
| 水 — 50〜60ml

ほうじ茶シロップ(p.45参照) — 全量

下準備

・p.45を参照して
「ほうじ茶シロップ」を作っておく。

作り方

1 ほうじ茶寒天を作る。小鍋またはボウルに茶葉を入れて熱湯を注ぎ、ふたをして1〜2分蒸らす。ペーパータオルを敷いたざるをボウルにのせてこす（a）。

2 小鍋に水と粉寒天を入れて混ぜる。中火にかけ、沸騰したら弱火で沸騰状態を保ちながら3分煮立てて（b）、しっかりと溶かす。1のほうじ茶とグラニュー糖を加えてよく混ぜる。粗熱を取る。

3 水でさっと濡らした流し缶に2を流し入れる（c）。

4 氷水を入れたバットに3をのせて、急冷する。15〜20分たったら冷蔵庫に入れて1〜2時間冷やし固める。

5 白玉を作る。ボウルに白玉粉を入れて水を少しずつ加えながら、耳たぶくらいのやわらかさになるまでよくこねる。適量を取って手のひらで小さく丸めて真ん中をくぼませる。

6 沸騰した湯に5を入れてゆでる。白玉が浮き上がってきてさらに1分ほどゆで（d）、冷水に取って、水気を切る。

7 4の寒天が固まったら型から出して、1cm角に切る。器に寒天と白玉を盛り合わせ、ほうじ茶シロップを注ぐ。

(a)   (b)   (c)   (d)

ほうじ茶プリン

ほうじ茶の風味を濃いめに牛乳に移して、ゼラチンで固めました。
どこか懐かしい味わいで、なめらかな口溶けがうれしいプリンです。

材料：容量80mlのカップ6個分

ほうじ茶 — 20g
牛乳 — 500ml
きび砂糖 — 40g
    ┌ 粉ゼラチン — 10g
    └ 水 — 60ml

下準備

・粉ゼラチンは分量の水に
　ふり入れてふやかす。

作り方

1　鍋に茶葉を入れてから炒りし、香りが立ってきたら熱湯大さじ3（分量外）を加える。牛乳を加え混ぜて沸騰直前まで温め、火を止めて2〜3分蒸らしてボウルにこす。

2　1にきび砂糖と準備したゼラチンを加えて溶けるまでよく混ぜる。ボウルの底を氷水に当て、少しとろみがついてくるまで混ぜながら冷やす。

3　2をカップに等分に注ぎ入れ、冷蔵庫で3〜4時間冷やし固める。

煎茶風味の水ようかん

煎茶のほどよい苦みが口の中に広がる水ようかん。甘酸っぱいあんずがアクセント。
本格的な和菓子の趣ですが、混ぜて固めるだけで簡単に作れます。

材料：12×14.5cmの流し缶1台分

煎茶 — 15g

グラニュー糖 — 30g

粉寒天 — 3g

水 — 150ml

白あん（市販品）— 250g

塩 — ひとつまみ

あんず（ドライ）— 6個

下準備

・ボウルに煎茶を入れ、
湯（約80℃）300mlを注いで5分ほど蒸らす。
茶葉を押さえながらぎゅっとこす。

作り方

1 小鍋に水と粉寒天を入れて混ぜる。中火にかけ、沸騰したら弱火で沸騰状態を保ち、混ぜながら3分煮立ててしっかりと煮溶かす。

2 準備した煎茶液とグラニュー糖を加えてよく混ぜ、再び沸騰したら火を止めて白あん、塩を加えてなめらかになるまで混ぜる。

3 2を混ぜながら粗熱を取り、水でさっと濡らした流し缶に入れる。あんずを等間隔に入れ、冷蔵庫で4時間以上冷やし固める。

りんごといちじくのほうじ茶マフィン

茶葉をたっぷり焼き込んだ、マフィントップのカリッ、サクッの焼き立てが最高！
ほうじ茶の風味はコクのある砂糖とよく合います。
プレーンで食べるもよし、フレッシュフルーツをのせてもよしと、お好みで。

材料：直径7×高さ3cmのマフィン型6個分

ほうじ茶 — 10g
牛乳 — 大さじ2
バター — 60g
きび砂糖 — 80g
卵 — 1個
サワークリーム — 50g
A ┌ 薄力粉 — 150g
　│ ベーキングパウダー — 小さじ½
　│ ベーキングソーダ — 小さじ¼
　└ 塩 — ひとつまみ
いちじく — ½個
りんご — ¼個
仕上げ用グラニュー糖、ほうじ茶 — 各適量

下準備

・ほうじ茶はポリ袋に入れ、もんで細かくし、
　牛乳を加えてしめらせる。
・バターと卵は室温にもどしておく。
・Aの粉類は合わせてふるう。
・型にグラシンカップをセットする。
・オーブンを180℃に予熱する。

作り方

1 ボウルにバターときび砂糖を入れ、ハンドミキサーで白っぽくなるまですり混ぜる。

2 準備した茶葉を加えて混ぜる（a）。

3 溶き卵を3回に分けて加え（b）、そのつどハンドミキサーで水気がなくなるまでよく混ぜる。

4 3にAの⅓量、サワークリームの半量、Aの⅓量（c）、残りのサワークリーム（d）、Aの⅓量の順に加えて、ゴムべらでそのつど粉気がなくなるまで切るように混ぜる。

5 いちじくはヘタを取って4等分に切る。りんごは芯を除き、皮つきのまま薄切りにする。

6 4の生地を型に等分に流し入れ、プレーン2個、いちじく、りんごをのせたものを各2個ずつ作る（e）。上に茶葉とグラニュー糖少々をふる。

7 180℃のオーブンで約25分焼く。竹串を刺して生地が何もついてこなければ焼き上がり。グラシンカップごと網に取り出して、粗熱を取る。

ほうじ茶のカモミールミルクティー

材料：2人分

A｜ほうじ茶 — 5g
｜カモミールティー — 5g
｜熱湯 — 100ml
牛乳 — 400ml

作り方

1　鍋にAを入れてふたをし、1分ほど
　　蒸らす。牛乳を加えて沸騰直前まで
　　温める。

2　1を茶こしを通してカップに注ぐ。

日本茶のアレンジドリンク

煎茶・ほうじ茶

ほうじ茶のミルクティーにはカモミールのほか
シナモン、カルダモンといったスパイスもおすすめです。
煎茶のさわやかな緑色が美しいアイスハーブティー。
ハーブはミントのほかレモングラス、レモンバーベナなどをお好みで。

煎茶のアイスハーブティー

材料：2人分

煎茶 — 10g
ミントの葉 — 15g
湯 — 400ml

作り方

1　耐熱容器などに茶葉とミントを入れ、
　　約80℃の湯を注いで3〜4分おく。

2　グラスに氷をたっぷりと入れ、茶こ
　　しを通して1を注ぐ。

日本茶とスイーツ

豚の置物は陶芸家の鹿児島睦
さんの作品。ティーセットは
ポルトガルで購入。

「日本茶は一日の区切りとして飲むことが多いですね。朝目覚めたときの気分をすっきりさせたいときは煎茶、仕事終わりのほっとひと息にはほうじ茶を」と小堀さん。お茶は楽しむけれど、今回の茶葉を使ったお菓子作りは初めての挑戦とか。

お茶酔いするほどレシピの試作を重ねたという小堀さんですが、「お菓子にお茶の風味や存在感を印象づけるには、お茶を食すぐらいの感覚で多めに使うのがコツ。今回はどのレシピにもかなりの量の茶葉を使っています」

日本茶とスイーツの合わせ方は、煎茶はレモンやオレンジなど柑橘系のフルーツや乳製品と相性がよく、お茶の繊細な香りを生かすには、すっきりした甘さのグラニュー糖がおすすめだそう。

「反対にほうじ茶はきび砂糖や黒砂糖などのコクのある砂糖とよく合います。またあんこやチョコレートなどの甘みや、ハーブやスパイスとも相性がよいですよ」

また、お茶を抽出する温度も大切です。「ほうじ茶を蒸らすときは熱湯で、煎茶はひと呼吸おいた80℃くらいのお湯で香りを引き出すのがコツです」

琥珀色の澄んだほうじ茶シロップを作るには、クリームダウン＊が起こりにくい水出しがおすすめです。

＊茶葉に含まれるタンニンとカフェインが結合して液が濁る現象。

小堀さんは、気持ちはいつも
楽しくがモットーの自称「料
理勉強家」。おいしいと評判
の料理教室は、告知直後から
すぐ満席になるほどの人気。

作家物のぬくもりのある急須と茶
碗が引き出しにぎっしりと並ぶ。

小堀紀代美（こぼり・きよみ）

料理家。東京・富ヶ谷にあった人気カフェ「LIKE LIKE KITCHEN」を経て、現在は同名で自宅にて料理教室を主宰。大きな洋菓子店である実家をルーツとし、世界各国の旅先で出会った味をヒントに、オリジナルレシピを考案。雑誌や書籍で紹介しているほかYouTubeやインスタグラム（@likelikekitchen）などでも情報を発信中。著書に『ライクライクキッチンの毎日和食』（柑出版社）、『予約のとれない料理教室 ライクライクキッチン「おいしい！」の作り方』（主婦の友社）、『2品でパスタ定食』（文化出版局）など。

PART 4

中国茶のスイーツ

● お菓子製作／ムラヨシマサユキ

食後のお茶として、今やすっかりおなじみになった中国茶。
ウーロン茶、プーアール茶、ジャスミン茶。
それぞれの茶葉の個性と、ふくよかな余韻を引き出すと
いつものお菓子も新鮮な味わいに生まれ変わります。
オリエンタルな中国茶の風味が
ストレートに味わえるスイーツです。

A 種類

・ウーロン茶

・プーアール茶

・ジャスミン茶

日本で最もポピュラーな中国茶。釜炒りによって熱を加え、ごく早い段階で発酵を止めた半発酵茶の青茶(あおちゃ)に分類される。種類が多く、半発酵や焙煎の加減で、風味も多種多様。青茶の仲間では鉄観音、岩茶などが有名。

原産地は雲南省。中国茶では黒茶に分類される。茶葉に微生物を植えつけて後発酵させたお茶で、濃厚な水色。体内の脂肪を流すといわれている。熟成香があり、長期熟成のものほど価値が高い。

緑茶などにジャスミンの花の香りをつけた花茶に分類されるフレーバーティー。飲茶でもおなじみ。さわやかな甘い香りが特徴で、さっぱりとして飲みやすい。中国では「茉莉花(まりか)」と呼ばれる。

B 下準備

すり鉢に茶葉を入れ、細かくすりつぶす。口当たりがなめらかになり、風味もしっかりと出る。あればミルを使うとよい。こうすると生地に直接加えられる。

沸騰した湯に茶葉を入れて、ふたをし、蒸らすと丸まった茶葉が開いてより濃く抽出できる。お菓子によってはここに牛乳や生クリームを加えて煮出すこともある。

C シロップを作る

ジャスミン茶シロップ

材料:できあがり約100ml
中国茶(ジャスミン茶)— 5g
グラニュー糖 — 100g
はちみつ(あれば)— 小さじ1

作り方

1　小鍋に100mlの湯(材料外)を沸かして火を止め、茶葉を入れてふたをし、3〜4分蒸らす。
2　グラニュー糖、はちみつを加えて混ぜて溶かす。再び中火にかけて沸騰したら火を止める。
3　冷めたら保存容器に入れ、冷蔵庫で保存する。

使い方

「ジャスミン茶のミルクプリン」(p.66)、「ジャスミン茶のシャーベット」(p.74)で使用。ゼリーにかけたり、かき氷のシロップとしても。また、白玉にかけてもおいしい。

プーアール茶のバットカステラ

共立てで作るカステラは、多めの上白糖でキメが細かく、しっとりとした焼き上がり。
プーアール茶の強い香りは、カステラの卵の風味とよく合います。
香り高い茶葉を生地とトッピングのダブルで使いました。

材料：21×16.5×高さ3cmのバット1台分

中国茶（プーアール茶） — 4g

はちみつ — 大さじ½

卵 — 3個

上白糖 — 100g

強力粉 — 90g

スライスアーモンド — 10g

下準備

・卵は室温にもどしておく。

・バットに大きめに切った
　オーブンシートをはみ出させて敷く。

・オーブンを170℃に予熱する。

作り方

1 鍋に40mlの湯（分量外）を沸かし、茶葉を入れて火を止め、ふたをして5分蒸らす。こして20mlをはちみつと混ぜておく。残った茶葉は水気を切って取っておく。

2 ボウルに卵を割り入れてハンドミキサーの低速で混ぜる。上白糖を加え、50〜60℃の湯せんにかけて（a）混ぜながら温める。卵液が人肌ほどの温度になったら、湯せんからはずす。

3 ハンドミキサーを高速にして、すくったときに生地がリボン状に落ちるまで（b）、4〜5分泡立てる。さらに低速にして2分ほどゆっくり混ぜて、卵のキメをととのえる。

4 強力粉をふるい入れ、ゴムべらで粉気が見えなくなるまで混ぜる。1の液を加え（c）、80〜100回混ぜてなめらかでつやのある生地を作る（d）。

5 バットに流し入れ、表面にスライスアーモンドをふり、取りおいた1の茶葉を散らす（e）。

6 170℃のオーブンで約15分、表面がきつね色になるまで焼き、150℃に下げて、さらに約15分焼く。中央に竹串を刺して、生地が何もついてこなければ焼き上がり。

7 オーブンから取り出し、表面にオーブンシートを当ててひっくり返して台に置く。粗熱が取れたら、オーブンシートごとラップで包み、完全に冷ます。

＊すぐにでも食べられるが、半日ほど休ませるとしっとりしておいしい。

a　b　c　d　e

ジャスミン茶のミルクプリン

茶葉の香りを牛乳に移した、クリーミーな大人の白いプリン。
ジャスミン茶に梅酒を合わせたシロップでおいしさを引き立てます。
かぼすのほかにはライム、青ゆずなどの柑橘類の皮で香りづけしてください。

材料：容量100mlのグラス5個分

中国茶（ジャスミン茶）— 2g
しょうが（薄切り）— 2枚
かぼすの皮 — 1個分
牛乳 — 100ml
グラニュー糖 — 大さじ2
板ゼラチン — 5g
生クリーム— 200ml
A　ジャスミン茶シロップ（p.63参照）
　　　— 大さじ2
　　梅酒 — 大さじ2

下準備

・p.63を参照して
　「ジャスミン茶シロップ」を作っておく。
・板ゼラチンは氷水に2〜3分浸して
　もどし、水気を切っておく。
・Aは混ぜておく。

作り方

1　鍋に50mlの湯（分量外）を沸かし、茶葉としょうがを入れて火を止め、ふたをして5分ほど蒸らす（a）。かぼすの皮、牛乳とグラニュー糖を入れて中火にかける（b）。沸騰したら弱火にして1〜2分、静かに煮て火を止める。

2　2〜3分おいて板ゼラチン（c）を加えて溶かし、ざるでこしてボウルに移す。

3　生クリームを加え、ボウルの底を氷水に当てて、ゴムべらで混ぜながらとろみをつける（d）。

4　カップに等分に流し入れ、冷蔵庫に1〜2時間入れて冷やし固める。Aを好みの量かける。

プーアール茶のスノーボールクッキー

ほろほろの食感でコロンとした形がかわいいクッキー。
仕上げにも茶葉をふり、二重にきかせました。

材料：直径3cm大のもの約15個分

バター ― 50g

粉砂糖 ― 15g

アーモンドパウダー ― 15g

黒いりごま ― 小さじ1

A｜ 薄力粉 ― 70g
　｜ 中国茶（プーアール茶）― 2g

B｜ 粉砂糖 ― 適量（約100g）
　｜ 中国茶（プーアール茶）― 少々

下準備

・AとBのプーアール茶は
　すり鉢ですって粉末にする。

・バターは室温にもどしておく。

・天板にオーブンシートを敷く。

・オーブンを160℃に予熱する。

作り方

1　ボウルにバターを入れて、粉砂糖をふるい入れ、ゴムべらで練り合わせる。アーモンドパウダー、黒ごまを加えてさらに練り混ぜる。

2　Aを合わせてふるい入れ、粉が見えなくなるまで混ぜる。そこから生地のかたさが均一になるまでは、ボウルの側面に生地を押しつけながら混ぜる。

3　スプーンで生地をすくい、10gずつに等分する。両手の手のひらではさんで転がし、丸めてバットに置く。ふんわりとラップをかけて、冷蔵庫に1時間ほど入れて生地を休ませる。

4　天板に間隔をあけて3を置き、160℃のオーブンで14〜16分焼く。天板ごと網にのせ、粗熱を取る。冷めたら、合わせたBを茶こしでふる。

ウーロン茶のマーブルパウンドケーキ

ウーロン茶の深い香りを生地にマーブル状に焼き込みました。
きれいな模様を作るには混ぜすぎないのがコツ、です。

材料：18×8.5×高さ6cmのパウンド型1台分

バター — 100g

上白糖 — 80g

卵 — 2個

薄力粉 — 120g

ベーキングパウダー — 小さじ½

中国茶（ウーロン茶）— 4g

ドライプルーン（種なし）— 4〜5個

下準備

・バターと卵（溶いておく）は
　室温にもどしておく。

・ウーロン茶は
　すり鉢ですって粉末にする。

・プルーンは2〜3cm角に切っておく。

・型にオーブンシートを敷く。

・オーブンを170℃に予熱する。

作り方

1　ボウルにバター、上白糖を入れ、泡立て器で白っぽくなる
　　までよく混ぜる。

2　卵を4〜5回に分けて加え、そのつどよく混ぜてふんわり
　　としたクリーム状にする。

3　薄力粉とベーキングパウダーを合わせてふるい入れ、ゴム
　　べらで粉気がなくなるまで混ぜる。

4　3の⅓量を別のボウルに取り分け、茶葉を加えて混ぜ合わ
　　せる。3のボウルに戻し入れ、プルーンを加えて2〜3回
　　ざっと混ぜてマーブル模様を作る。

5　型に生地を流し入れてゴムべらで表面をならし、170℃の
　　オーブンで40〜43分焼く。オーブンシートごと型から取
　　り出し、網にのせて冷ます。

＊焼き上がったらすぐに杏露酒やラム酒をハケで表面全体に塗るのもお
すすめ。

ジャスミン茶のニューヨークチーズケーキ

鼻へ抜けるジャスミン茶の香りが印象的なオリエンタルなチーズケーキ。
濃厚な口当たりですが、茶葉のさわやかな香りで後味はすっきり。
チーズ生地に加えたジャスミン茶と相性のよいマーマレードがアクセント。

材料：直径15cmの底取れ丸型1台分

《ボトム》
　｜　グラハムビスケット — 40g
　｜　バター — 15g
中国茶（ジャスミン茶）— 4g
生クリーム — 50ml
クリームチーズ — 400g
サワークリーム — 50g
グラニュー糖 — 70g
卵黄 — 2個分
A　｜　薄力粉 — 10g
　　｜　コーンスターチ — 5g
マーマレード — 20g

下準備

・ボトムのバターは電子レンジ
　または湯せんで溶かしておく。
・クリームチーズは室温にもどしておく。
・オーブンを170℃に予熱する。

作り方

1　ボトムを作る。グラハムビスケットを厚手のポリ袋に入れ、めん棒でたたいて細かく砕く。ボウルに入れて、溶かしバターを加えて混ぜ合わせる。型に入れて敷き詰め、マッシャーで押してならす（a）。

2　鍋に30mlの湯（分量外）を沸かし、茶葉を入れて火を止め、ふたをして2分ほど蒸らす。生クリームを加えて再び中火にかけ、沸騰したら弱火にして2～3分煮る。とろみが出てきたら、火を止め、ざるでこす。

3　ボウルにクリームチーズ、サワークリームを入れてゴムべらでなめらかになるまで混ぜ合わせる。グラニュー糖、合わせたAをふるい入れて、さらに練り混ぜる。

4　卵黄を加え、泡立て器にかえて混ぜ合わせる（b）。

5　別のボウルに4の½量を取り出して、2を加えて混ぜ合わせ、ジャスミン茶生地を作る（c）。残りの½量にはマーマレードを加えて混ぜ合わせる。

6　1の型にマーマレード生地を流し入れて、ゴムべらで平らにならす。上にジャスミン茶生地を流し入れ（d）、平らにならす。型の底をアルミホイルでおおう。

7　ペーパータオルを敷いた天板に6を置き、湯を型の底から2cm高さまで注ぐ（e）。170℃のオーブンで40～50分湯せん焼きにする。

8　網に型ごと取り出して、粗熱を取る。冷蔵庫に型ごと入れて一晩～一日味がなじむまで冷やす。

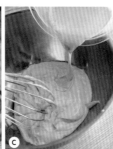

a　　b　　c　　d　　e

ウーロン茶のマドレーヌ

茶葉と焦がしバターの風味で、味と香りに深みを出しました。
小さなシェル型で焼いた愛らしいフォルムに、歓声が上がること間違いなし。
ホワイトチョコレートのデコレーションで、よりキュートな表情に。

材料：縦5cmのマドレーヌ型15個分

卵 ― 1個

はちみつ ― 大さじ½

グラニュー糖 ― 大さじ2

薄力粉 ― 70g

ベーキングパウダー ― 小さじ¼

中国茶（ウーロン茶）― 3g

バター ― 60g

ホワイトチョコレート[*1] ― 100g

中国茶（ウーロン茶）― 適量

ローズペタル[*2]（あれば）― 適量

*1 市販の板チョコレートでよい。
*2 バラの花びらを乾燥させたもの。
　　ハーブティーなど食用のもので。

下準備

・ウーロン茶はすり鉢ですって粉末にする。

・卵は室温にもどしておく。

・型にバター（分量外）を薄く塗り、
　冷蔵庫で冷やしておく。

・オーブンを180℃に予熱する。

作り方

1　ボウルに卵を入れて泡立て器で溶きほぐし、はちみつ、グラニュー糖を加えて混ぜ合わせる。薄力粉とベーキングパウダーを合わせてふるい入れ、泡立て器で粉気がなくなるまで混ぜる。

2　準備した茶葉を加えて（a）さらに混ぜる。

3　小鍋にバターを入れて中火にかけ、泡立って茶色になるまで煮詰めて焦がしバターを作る（b）。2のボウルに加えて混ぜ合わせる（c）。

4　3を冷蔵庫に2～3時間入れて生地を休ませる。

5　準備した型に強力粉（分量外）をふって、4の生地を均等にスプーンで入れる（d）。

6　180℃のオーブンで12～15分焼く。焼き上がったら台に軽く打ちつけて、すぐに型からはずす。網の上に取り出して冷ます。

7　ボウルにホワイトチョコレートを入れ、湯せんにかけて泡立て器で溶かす。マドレーヌを半分ほど軽く浸し（e）、オーブンシートの上にのせて乾かす。刻んだウーロン茶とローズペタルを飾る。

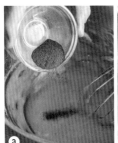

ジャスミン茶のシャーベット

ジャスミンの花の香りがふわっと漂う、シャリシャリ食感が楽しいシャーベット。
ほかにキウイフルーツやマンゴー、桃缶などのフルーツでアレンジしても。

材料：密閉保存袋約300ml分

メロン、パイナップルなど
　好みのフルーツを合わせて — 150g
ジャスミン茶シロップ（p.63参照）— 50ml
牛乳 — 120ml

下準備

・p.63を参照して
　「ジャスミン茶シロップ」を
　作っておく。

作り方

1　フルーツは皮をむき、2cm大に切る。

2　牛乳とジャスミン茶シロップを混ぜて保存袋に入れ、冷凍庫に2時間以上入れる。凍りかけたところに、1のフルーツを加え、袋の上から手でもんで混ぜ合わせる。

3　さらに冷凍庫に2時間入れて冷やし固める。

4　冷凍庫から取り出して、室温に1〜2分置いて、袋の上から手でもんで軽くほぐして器に盛る。

プーアール茶のフルーツ寒天

プーアール茶を煮出した琥珀色の寒天にフルーツを閉じ込めました。
甘さ控えめで後味さわやか。大きく作ると、ホームパーティーにもおすすめです。

材料：18×8.5×高さ6cmのパウンド型1台分
粉寒天 — 4g
水 — 450ml
中国茶(プーアール茶) — 4g
グラニュー糖 — 大さじ2
マンゴー(冷凍) — 150g
キウイフルーツ — 1個

作り方

1 鍋に分量の水と粉寒天を入れて中火にかける。沸騰してきたら茶葉を加えて火を止め、ふたをして3分蒸らす。ざるでこす。

2 1を再び鍋に戻し入れて火にかけ、沸騰後1〜2分煮る。火から下ろし、グラニュー糖を加えてゴムべらでゆっくり混ぜ合わせて粗熱を取る。

3 キウイは皮をむき、2〜3cm角に切る。マンゴーも同様の大きさに切る。

4 型にフルーツを彩りよく並べ、2を流し入れて、冷蔵庫で2時間以上冷やし固める。

＊好みでメープルシロップをかけてもよい。

ジャスミン茶の生チョコレート

ジャスミン茶の華やかな香りが広がる、なめらかな口溶けの生チョコレート。
茶葉の香りを移した生クリームを混ぜるだけと、意外に簡単。
ナイフをそのつど温めて拭きながら切るのが、きれいにカットするコツです。

材料：21×16.5×高さ3cmのバット1台分

ホワイトチョコレート
　（製菓用・カカオ分40%）― 200g
中国茶（ジャスミン茶）― 5g
生クリーム
　（乳脂肪分40〜45%）― 80ml
《仕上げ用》
　│ 粉砂糖 ― 約50g
　│ 中国茶（ジャスミン茶）― 小さじ2

下準備

・仕上げ用のジャスミン茶は
　すり鉢ですって粉末にする。
・バットにオーブンシートを敷く。

作り方

1　ボウルにホワイトチョコレートを入れ、50〜60℃の湯せんにかけてゴムべらでゆっくりと一定方向に混ぜながら溶かす（a）。

2　小鍋に30mlの湯（分量外）を沸かし、茶葉を入れて火を止め、ふたをして3分蒸らす。生クリームを加えて中火にかけ、再び沸騰したら火を止め、ふたをして3分蒸らす（b）。

3　2をざるでこしながら1に加え、泡立て器で混ぜ合わせる（c）。

4　バットに流し入れてラップをかけ、冷蔵庫で2時間以上冷やし固める。

5　オーブンシートごと取り出し、シートをはがして4×6列の3cm角大に切り分ける（d）。

6　バットに仕上げ用の粉砂糖と準備した茶葉を入れて混ぜ、5を入れてチョコレートの表面にまぶす。

＊5の工程でチョコレートがくっつきやすければ、仕上げ用の粉砂糖と茶葉を混ぜたものをふって、打ち粉がわりにするとよい。

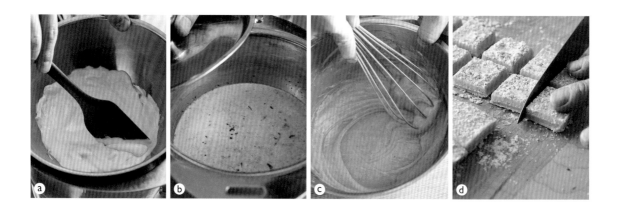

中
国
茶
の
ア
レ
ン
ジ
ド
リ
ン
ク

ウーロン
アイスミルクティー

材料：2人分
中国茶（ウーロン茶）― 4g
熱湯 ― 200ml
牛乳 ― 240ml
練乳 ― 適量

作り方

1　ティーポットに茶葉を入れ、熱湯を
　注いで3分ほど蒸らす。

2　グラスに氷をたっぷりと入れ、茶こ
　しを通して1を注ぐ。練乳を加えて
　好みの甘さにし、牛乳を加えてよく
　混ぜる。

濃いめに抽出したウーロン茶をミルクで割っていただきます。
練乳で好みの甘さに調節を。
フルーツの香りを移すジャスミンティーには、そのまま食べても
おいしくないかたい桃や、酸っぱいりんごやいちごなどがおすすめ。
フルーツは室温にもどしてからポットに入れてください。

フルーツ
ジャスミンティー

材料：2～3人分
中国茶（ジャスミン茶）― 4g
熱湯 ― 300ml
桃、りんごなどのフルーツ ― 200g

作り方

1　ティーポットに茶葉を入れ、適量の
　湯（分量外）を注いで1分ほど蒸ら
　し、湯を捨てる。

2　1のポットにカットした桃、りんご
　などのフルーツを入れて熱湯を注ぐ。
　茶葉が開くまで1分ほど蒸らし、カ
　ップに注ぐ。

中国茶 とスイーツ

料理やお菓子、パンの本などの
レシピ本を見るのが大好きとい
う、ムラヨシさん。コンビニや
市販のお菓子の新商品チェック
も欠かせない日課のひとつ。

お茶の色と茶葉が広がる様子がわ
かる耐熱性ガラスポットを愛用。

金せん茶は台湾産のウーロン茶。
甘く上品なミルキーな香り。

仕事の合間をぬっての夜のジョギングが日課のム
ラヨシさん。「ジョギング後には脂肪燃焼効果があ
るというプーアール茶、リラックスしたいときは、
金せん茶が定番です」。金せん茶は仕事で訪れてい
た台湾のウーロン茶。甘い香りで渋みが少ないとこ
ろがお気に入りだとか。

中国茶をお菓子に使うコツを伺うと、「ウーロン
茶は発酵した深い香りが特徴。卵やバター、フルー
ツなど合わせる素材を選ばず、オールマイティーで
使い勝手がいいんです。日本の麦茶やほうじ茶感覚
で使えますよ」。最近は梅酒にウーロン茶を加えて
仕込んでいるとのこと。意外な使い方ですが、梅の
青くささを抑えて重みのある味わいに仕上がるのだ
そう。

そしてプーアール茶は、茶葉がかたいので粉末に
しにくく、蒸らしてから煮出すのがお菓子に上手に
取り入れるポイント。卵の風味を引き立て、ゼリー
や寒天などの食感にもよく合います。甘いあんこや
トロピカルフルーツとも相性よしです。

「花の繊細な香りのジャスミン茶は、牛乳やチョ
コレートに香りを移すと効果的。苦みが出やすいの
で、煮出しすぎや、こすときに茶葉を絞らないよう
に注意してください」

ムラヨシマサユキ

菓子・料理研究家。製菓学校卒業後、パティスリー、
カフェ、レストラン勤務を経て、パンとお菓子の教
室をスタートさせる。日々の暮らしの中にあるおい
しいを、家庭で作りやすいシンプルなレシピで提案
する。雑誌、書籍、テレビ、メニュー開発など多方
面で活躍中。試作を重ねる真摯な姿勢から生まれる、
おいしさを追求したレシピに定評がある。著書に『あ
たらしいパウンドケーキ』（共著）、『あたらしいマ
フィン』（共著／ともに家の光協会）など多数。

香り豊かな
茶葉でおいしい 至福のスイーツ

2020年11月20日　第1版発行

［お菓子製作］
坂田阿希子（p.6 〜 23）
飯塚有紀子（p.24 〜 43）
小堀紀代美（p.44 〜 61）
ムラヨシマサユキ（p.62 〜 79）

デザイン／川添 藍
撮影／福尾美雪
企画・編集／内山美恵子
校正／ケイズオフィス
DTP制作／天龍社
撮影協力／UTUWA　電話 03-6447-0070

発行者　　関口 聡
発行所　　一般社団法人　家の光協会
　　　　　〒162-8448
　　　　　東京都新宿区市谷船河原町11
　　　　　電話　03-3266-9029（販売）
　　　　　　　　03-3266-9028（編集）

振替　00150-1-4724
印刷・製本　図書印刷株式会社
乱丁・落丁本はお取り替えいたします。
定価はカバーに表示してあります。
©IE-NO-HIKARI Association 2020 Printed in Japan
ISBN 978-4-259-56667-8 C0077